AF188904

Impressum
Verlag: BABADADA GmbH, Nedderfeld 112 , 22529 Hamburg
Geschäftsführer / Verlagsleitung: Harald Hof
Druck: Books on Demand GmbH, In de Tarpen 42, 22848 Norderstedt

Imprint
Publisher: BABADADA GmbH, Nedderfeld 112 , 22529 Hamburg, Germany
Managing Director / Publishing direction: Harald Hof
Print: Books on Demand GmbH, In de Tarpen 42, 22848 Norderstedt, Germany

школа
mokykla

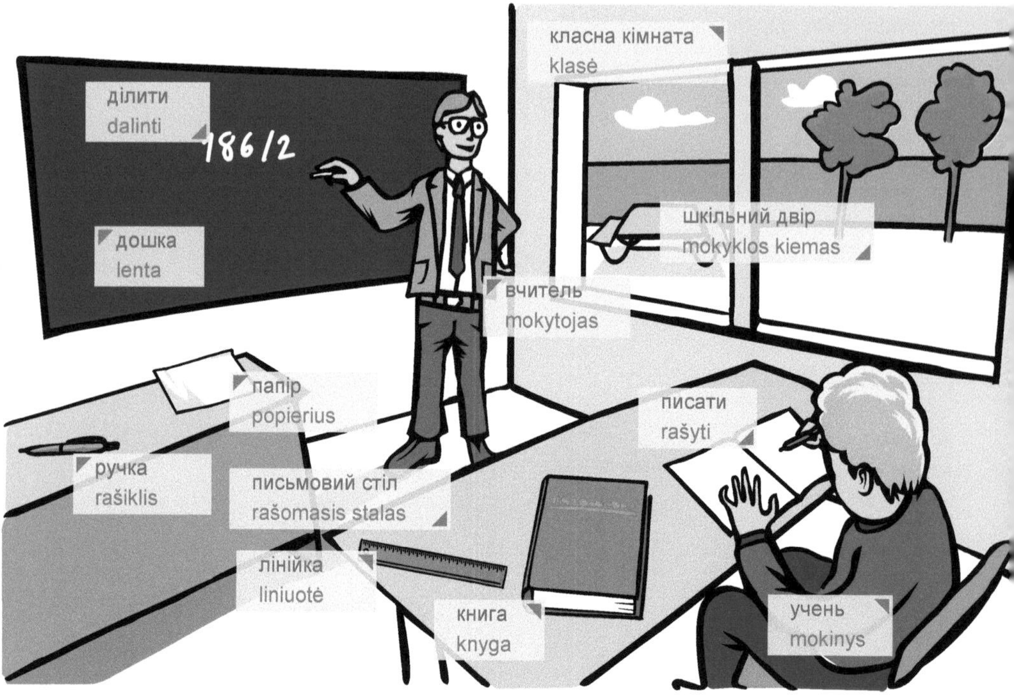
класна кімната
klasė
ділити
dalinti
186/2
дошка
lenta
шкільний двір
mokyklos kiemas
вчитель
mokytojas
папір
popierius
писати
rašyti
ручка
rašiklis
письмовий стіл
rašomasis stalas
лінійка
liniuotė
книга
knyga
учень
mokinys

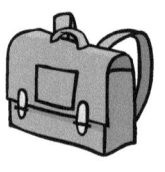

ранець
kuprinė

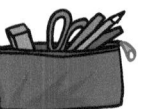

пенал
penalas

олівець
pieštukas

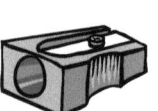

точило
drožtukas

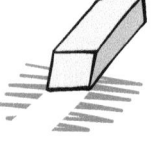

гумка
trintukas

альбом для малювання
piešimo bloknotas

малюнок

piešinys

пензель

teptukas

коробка фарб

dažų dėžutė

ножиці

žirklės

клей

klijai

зошит

vadovėlis

домашнє завдання

namų darbai

число

numeris

додавати

pridėti

віднімати

atimti

множити

dauginti

рахувати

skaičiuoti

літера

raidė

абетка

abėcėlė

слово

žodis

текст

tekstas

читати

skaityti

крейда

kreida

година

pamoka

класний журнал

dienynas

екзамен

egzaminas

диплом

pažymėjimas

шкільна форма

mokyklinė uniforma

освіта

išsilavinimas

лексикон

enciklopedija

університет

universitetas

мікроскоп

mikroskopas

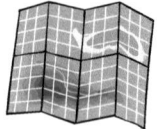

карта

žemėlapis

кошик для паперу

šiukšliadėžė

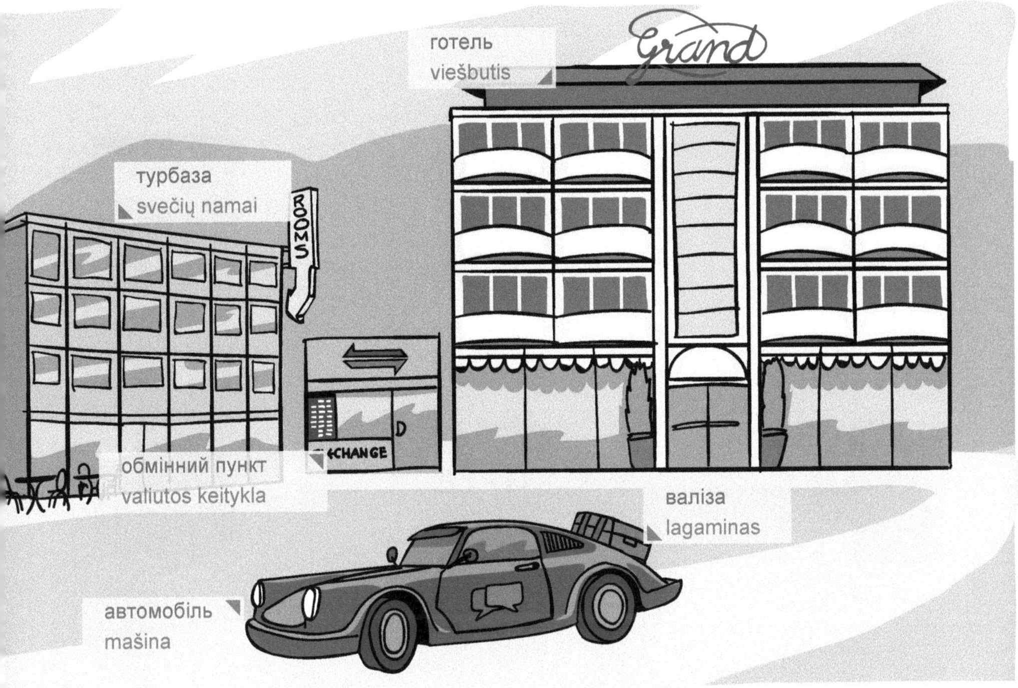

готель
viešbutis
Grand
турбаза
svečių namai
ROOMS
EXCHANGE
обмінний пункт
valiutos keitykla
валіза
lagaminas
автомобіль
mašina

мова
kalba

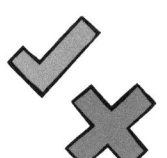

так / ні
taip / ne

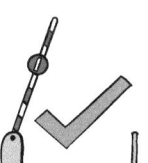

добре
Gerai

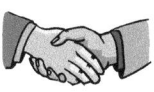

привіт
sveiki

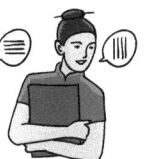

перекладач
vertėjas raštu

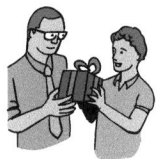

дякую
Ačiū

Скільки коштує ...?

kiek kainuoja...?

Я не розумію

aš nesuprantu

проблема

problema

Добрий вечір!

Labas vakaras!

Доброго ранку!

Labas rytas!

На добраніч!

Labos nakties!

До побачення

viso gero

напрямок

kryptis

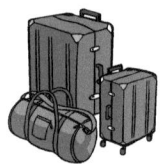

багаж

bagažas

сумка

krepšys

рюкзак

kuprinė

гість

svečias

кімната

kambarys

спальний мішок

miegmaišis

намет

palapinė

туристична інформація

turizmo informacija

пляж

paplūdimys

кредитна картка

kreditinė kortelė

сніданок

pusryčiai

обід

pietūs

вечеря

vakarienė

квиток

bilietas

ліфт

liftas

поштова марка

pašto ženklas

межа

siena

митниця

muitinė

посольство

ambasada

віза

viza

паспорт

pasas

транспорт
transportas

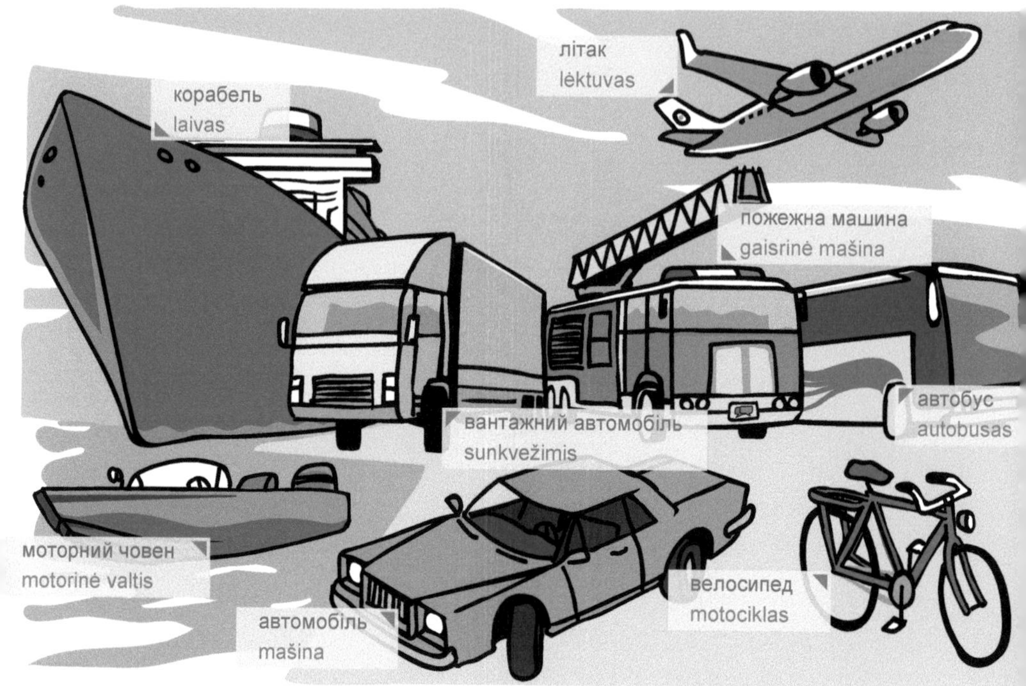
літак
lėktuvas
корабель
laivas
пожежна машина
gaisrinė mašina
автобус
autobusas
вантажний автомобіль
sunkvežimis
моторний човен
motorinė valtis
велосипед
motociklas
автомобіль
mašina

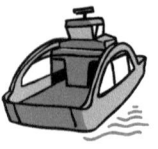

пором
keltas

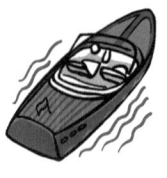

човен
valtis

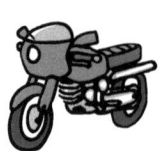

мотоцикл
mopedas

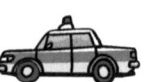

поліцейська машина
policijos automobilis

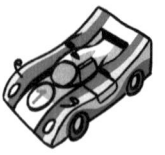

гоночний автомобіль
lenktyninis automobilis

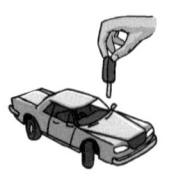

автомобіль на прокат
nuomojamas automobilis

льне користування авто

bendras automobilio
naudojimas

евакуатор

techninės pagalbos
automobilis

сміттєвоз

šiukšliavežė

двигун

variklis

паливо

degalai

автозаправна станція

degalinė

дорожній знак

kelio ženklas

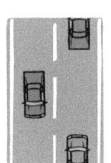

рух

eismas

затор

eismo spūstis

стоянка

našinų stovėjimo aikštelė

вокзал

traukinių stotis

рейки

bėgiai

потяг

traukinys

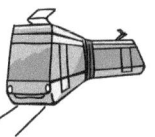

трамвай

tramvajus

вагон

vagonas

гелікоптер

sraigtasparnis

аеропорт

oro uostas

вежа

bokštas

пасажир

keleivis

контейнер

konteineris

коробка

dėžė

візок

vežimėlis

кошик

krepšys

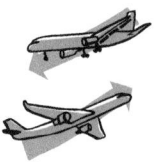

стартувати / приземлятися

pakilti / nusileisti

місто

miestas

село

kaimas

центр міста

miesto centras

дім

namas

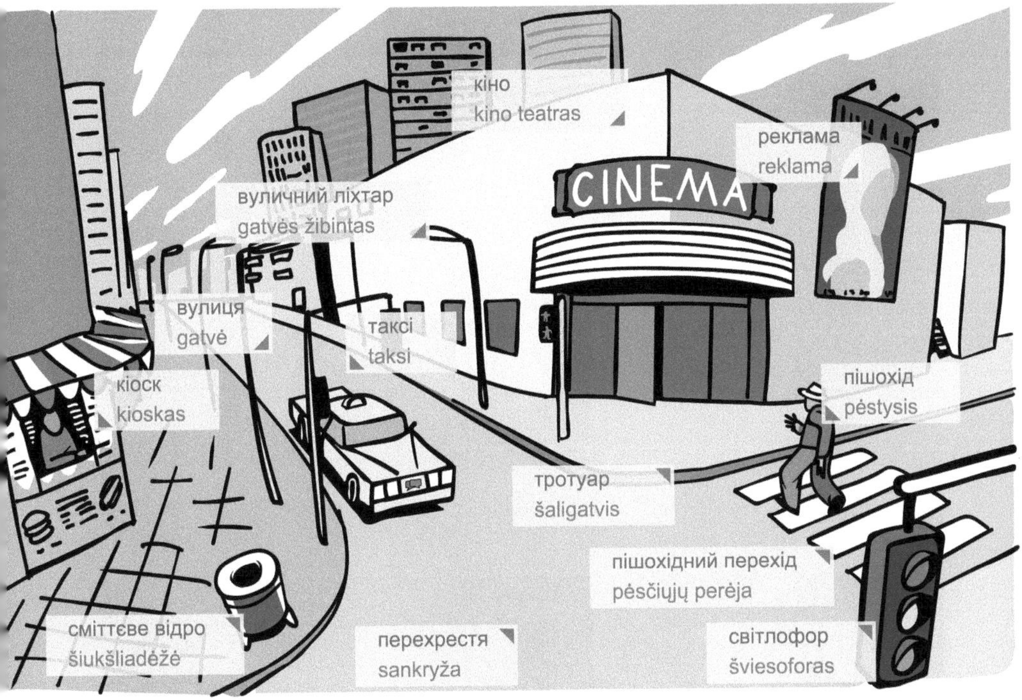
кіно
kino teatras
CINEMA
реклама
reklama
вуличний ліхтар
gatvės žibintas
вулиця
gatvė
таксі
taksi
кіоск
kioskas
пішохід
pėstysis
тротуар
šaligatvis
пішохідний перехід
pėsčiųjų perėja
сміттєве відро
šiukšliadėžė
перехрестя
sankryža
світлофор
šviesoforas

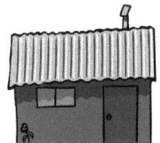

хатина

trobelė

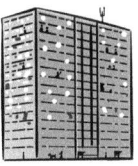

квартира

butas

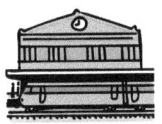

вокзал

traukinių stotis

ратуша

rotušė

MUSEUM

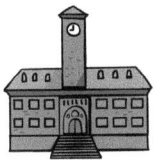

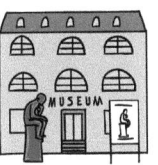

музей

muziejus

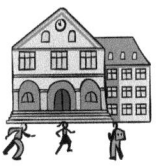

школа

mokykla

університет

universitetas

банк

bankas

лікарня

ligoninė

готель

viešbutis

аптека

vaistinė

офіс

biuras

книжковий магазин

knygynas

магазин

parduotuvė

квітковий магазин

gėlių parduotuvė

супермаркет

prekybos centras

ринок

turgus

універмаг

universalinė parduotuvė

торговець рибою

žuvies parduotuvė

торговельний центр

prekybos centras

гавань

uostas

парк
parkas

лава
suoliukas

міст
tiltas

сходи
laiptai

метро
metro

тунель
tunelis

автобусна зупинка
autobusų stotelė

бар
baras

ресторан
restoranas

поштова скринька
lauko pašto dėžutė

вулична табличка
kelio ženklas

лічильник паркування
parkomatas

зоопарк
zoologijos sodas

басейн
baseinas

мечеть
mečetė

ферма

ūkininko ūkis

забруднення
навколишнього
середовища
tarša

кладовище

kapinės

церква

bažnyčia

дитячий майданчик

žaidimų aikštelė

храм

šventykla

ландшафт
kraštovaizdis

листок
lapas

вказівний стовп
kelio rodyklė

шлях
kelias

луг
pieva

камінь
akmuo

мандрівник
ėjikas

дерево
medis

річка
upė

трава
žolė

квітка
gėlė

долина

slėnis

гора

kalva

озеро

ežeras

ліс

miškas

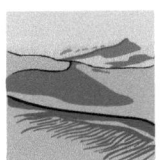

пустеля

dykuma

вулкан

ugnikalnis

замок

pilis

веселка

vaivorykštė

гриб

grybas

пальма

palmė

комар

uodas

муха

musė

мурашка

skruzdėlė

бджола

bitė

павук

voras

жук
vabalas

жаба
varlė

вивірка
voverė

їжак
ežys

заєць
kiškis

сова
pelėda

птах
paukštis

лебідь
gulbė

кабан
šernas

олень
elnias

лось
briedis

гребля
užtvanka

вітряк
vėjo jėgainė

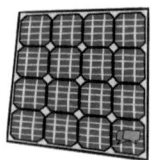

сонячний модуль
saulės baterija

клімат
klimatas

ресторан
restoranas

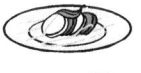

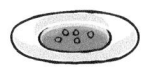

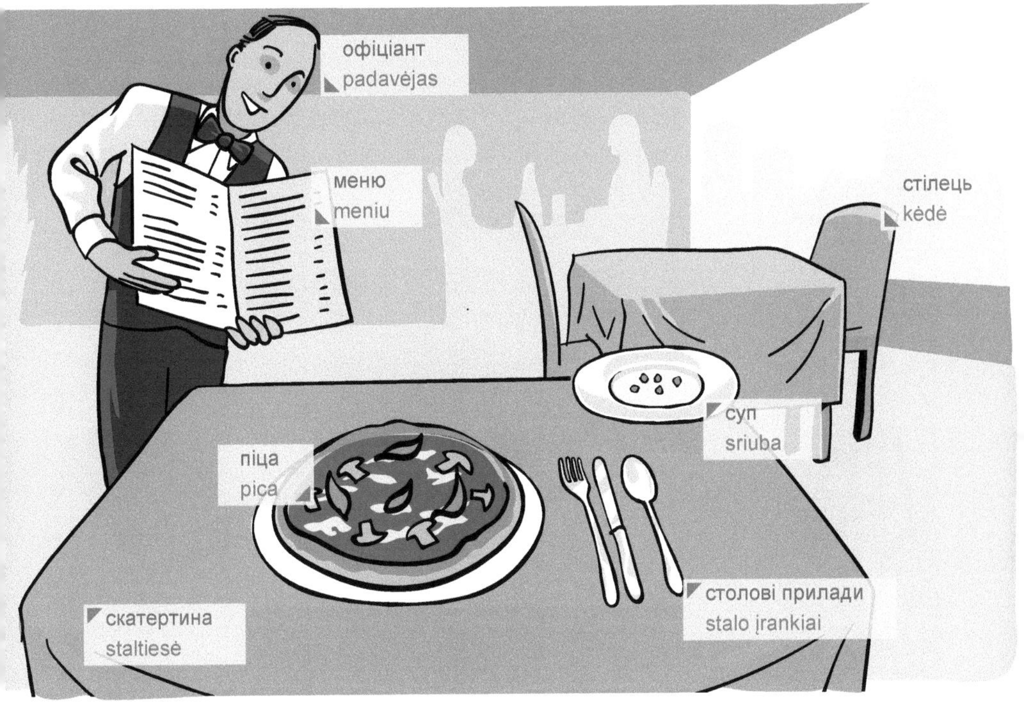

офіціант
padavėjas
меню
meniu
стілець
kėdė
суп
sriuba
піца
pica
столові прилади
stalo įrankiai
скатертина
staltiesė

закуска

užkandis

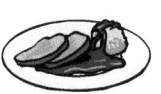

друга страва

pagrindinis patiekalas

десерт

desertas

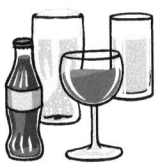

напої

gėrimai

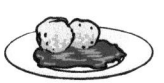

їжа

maistas

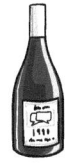

пляшка

butelis

фаст-фуд

greitai pateikiamas maistas

вулична їжа

gatvės maistas

чайник

arbatinukas

цукорниця

cukrinė

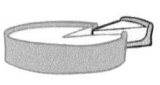

порція

porcija

еспресо-машина

espreso aparatas

високий стільчик

aukšta kėdė

рахунок

sąskaita

піднос

padėklas

ніж

peilis

вилка

šakutė

ложка

šaukštas

чайна ложка

arbatinis šaukštelis

серветка

servetėlė

склянка

stiklinė

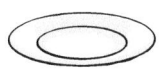

тарілка

lėkštė

тарілка для супу

sriubos lėkštė

блюдце

padėklas

соус

padažas

солонка

druskinė

млин для перцю

pipirų malūnėlis

оцет

actas

масло

aliejus

спеції

prieskoniai

кетчуп

kečupas

гірчиця

garstyčios

майонез

majonezas

супермаркет

prekybos centras

пропозиція
specialus pasiūlymas
FOR
клієнт
pirkėjas
молочні продукти
pieno produktai
фрукти
vaisiai
візок для покупок
troleibusas

BUTCHERS

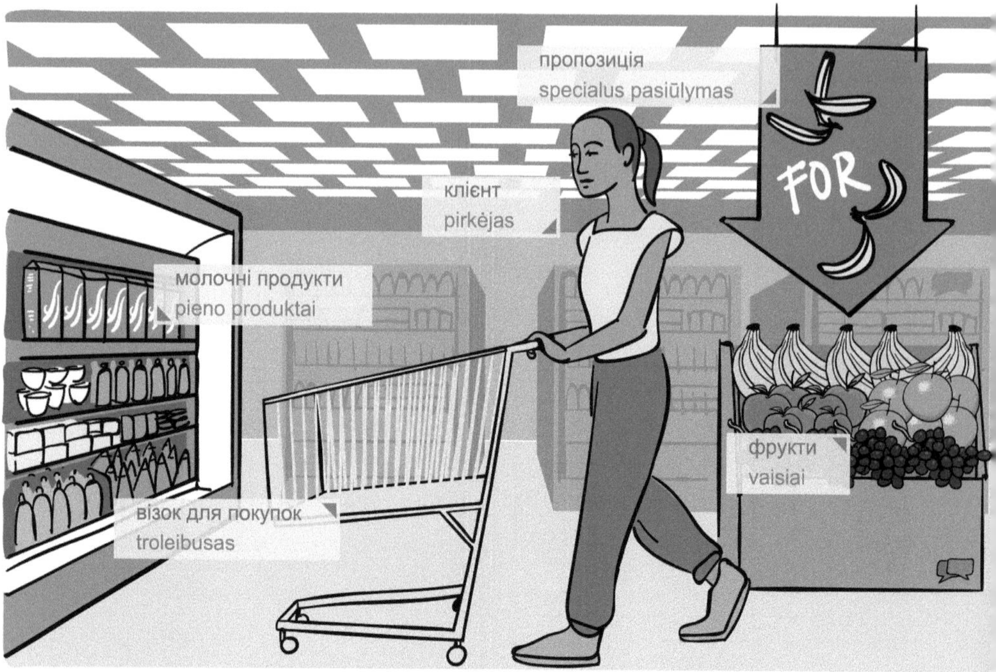

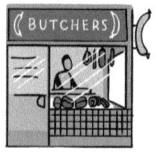

м'ясний магазин

mėsos parduotuvė

BAKERY

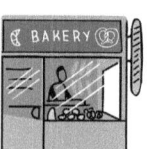

пекарня

kepykla

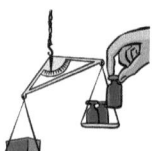

зважувати

sverti

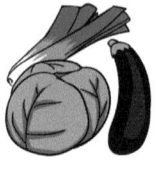

овочі

daržovės

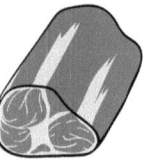

м'ясо

mėsa

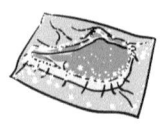

заморожені продукти

šaldytas maistas

ковбасна нарізка
šalti mėsos užkandžiai

консерви
konservai

пральний порошок
skalbimo milteliai

солодощи
saldumynai

предмети домашнього побуту
ūkinės prekės

мийний засіб
valymo priemonės

продавщиця
pardavėja

каса
kasos aparatas

касир
kasininkas

список покупок
pirkinių sąrašas

часи роботи
darbo valandos

гаманець
piniginė

кредитна картка
kreditinė kortelė

сумка
maišelis

поліетиленовий пакет
plastikinis maišelis

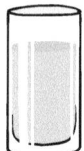

вода

vanduo

сік

sultys

молоко

pienas

кола

kola

вино

vynas

пиво

alus

алкоголь

alkoholis

какао

kakava

чай

arbata

кава

kava

еспресо

espresas

капучіно

kapučinas

банан

bananas

яблуко

obuolys

апельсин

apelsinas

кавун

arbūzas

лимон

citrina

морква

morka

часник

česnakas

бамбук

bambukas

цибуля

svogūnas

гриб

grybas

горішки

riešutai

локшина

makaronai

спагеті

spagečiai

рис

ryžiai

салат

salotos

картопля фрі

traškučiai

смажена картопля

keptos bulvės

піца

pica

гамбургер

mėsainis

бутерброд

sumuštinis

шніцель

pjausnys

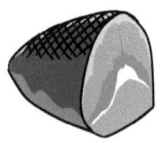

шинка

kumpis

салямі

saliamis

ковбаса

dešrelė

курка

vištiena

печеня

kepsnys

риба

žuvis

вівсяні пластівці

avižų dribsniai

мюслі

dribsniai su priedais

кукурудзяні пластівці

kukurūzų dribsniai

борошно

miltai

круасан

prancūziškasis ragelis

булочка

bandelė

хліб

duona

тостовий хліб

skrebutis

печиво

sausainiai

масло

sviestas

сир

varškė

пиріг

tortas

яйце

kiaušinis

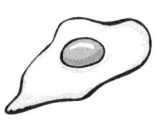

яєчня

kiaušinienė

сир

sūris

морозиво

ledai

цукор

cukrus

мед

medus

мармелад

uogienė

нуга-крем

tepamas šokoladas

карі

karis

ферма
ūkininko ūkis

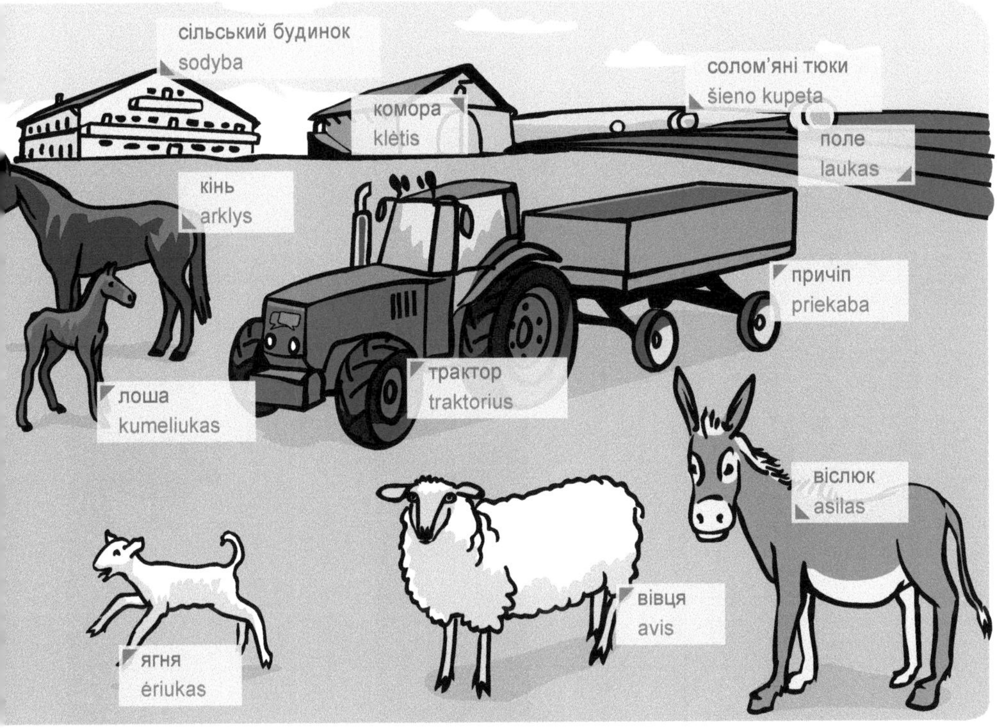

сільський будинок
sodyba
солом'яні тюки
šieno kupeta
комора
klėtis
поле
laukas
кінь
arklys
причіп
priekaba
трактор
traktorius
лоша
kumeliukas
віслюк
asilas
вівця
avis
ягня
ėriukas

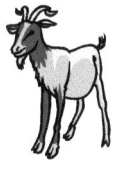

коза

ožys

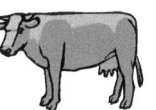

корова

karvė

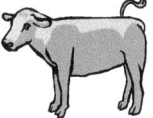

теля

veršis

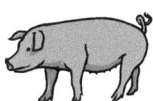

свиня

kiaulė

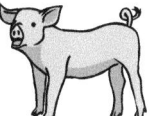

порося

paršelis

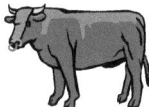

бик

bulius

гусак

žąsis

качка

antis

курча

viščiukas

курка

višta

півень

gaidys

щур

žiurkė

кіт

katė

миша

pelė

віл

jautis

собака

šuo

собача будка

šuns būda

садовий шланг

sodo namas

лійка

laistytuvas

коса

dalgis

плуг

plūgas

серп

pjautuvas

мотика

kauptukas

вила

šakės

сокира

kirvis

тачка

statinė

корито

lovys

бідон молока

bidonas

мішок

maišas

паркан

tvora

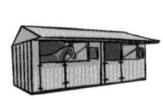

хлів

arklidė

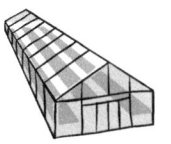

теплиця

šiltnamis

ґрунт

dirva

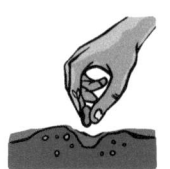

насіння

sėkla

добриво

trąšos

комбайн

kombainas

пожинати

rinkti

урожай

derlius

корінь ямсу

saldžiosios bulvės

пшениця

kviečiai

соя

soja

картопля

bulvė

кукурудза

kukurūzai

ріпак

rapsai

плодове дерево

vaismedis

маніок

manijokas

злаки

grūdai

ферма - ūkininko ūkis

дім

namas

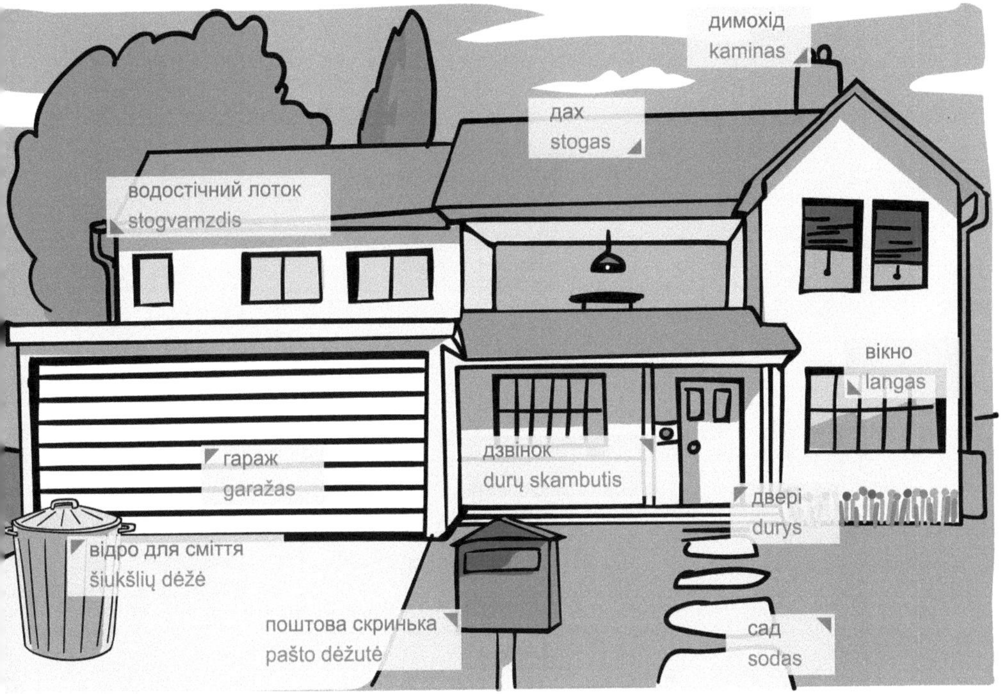

димохід
kaminas
дах
stogas
водостічний лоток
stogvamzdis
вікно
langas
гараж
garažas
дзвінок
durų skambutis
двері
durys
відро для сміття
šiukšlių dėžė
поштова скринька
pašto dėžutė
сад
sodas

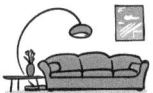

вітальня

svetainė

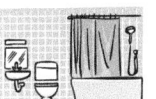

ванна кімната

vonios kambarys

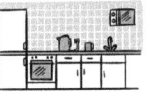

кухня

virtuvė

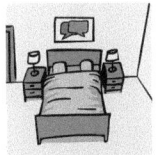

спальня

miegamasis

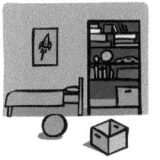

дитяча кімната

vaiko kambarys

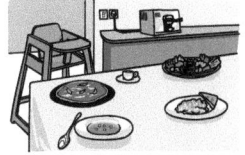

їдальня

valgomasis

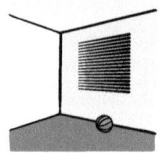

підлога

grindys

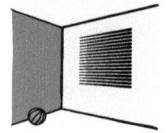

стіна

siena

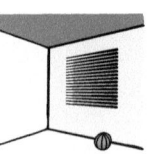

стеля

lubos

підвал

rūsys

сауна

sauna

балкон

balkonas

тераса

terasa

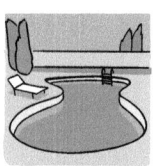

басейн

baseinas

косарка

žoliapjovė

простирало

paklodė

ковдра

lovatiesė

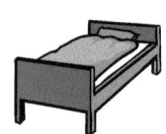

ліжко

lova

мітла

šluota

відро

kibiras

перемикач

jungiklis

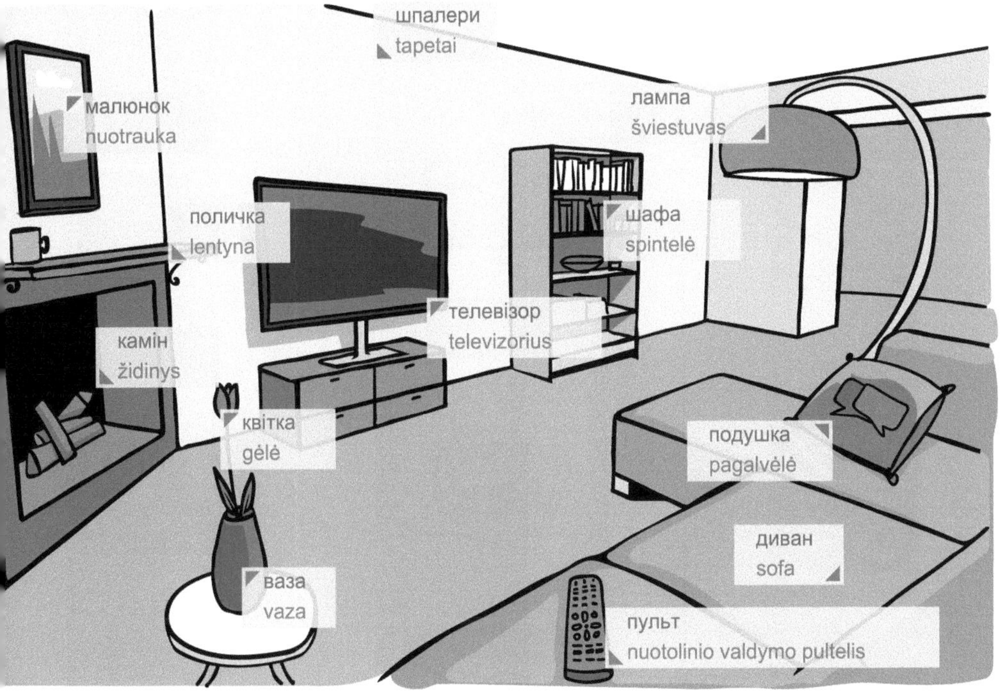

малюнок
nuotrauka

шпалери
tapetai

лампа
šviestuvas

поличка
lentyna

шафа
spintelė

камін
židinys

телевізор
televizorius

квітка
gėlė

подушка
pagalvėlė

диван
sofa

ваза
vaza

пульт
nuotolinio valdymo pultelis

килим
kilimas

завіса
užuolaida

стіл
stalas

стілець
kėdė

крісло-гойдалка
supamasis krėslas

крісло
fotelis

книга

knyga

ковдра

antklodė

прикраса

papuošimai

дрова

malkos

фільм

filmas

стереосистема

stereo aparatūra

ключ

raktas

газета

laikraštis

картина

paveikslas

плакат

plakatas

радіо

radijas

блокнот

užrašų knygelė

пилосос

dulkių siurblys

кактус

kaktusas

свічка

žvakė

кухня
virtuvė

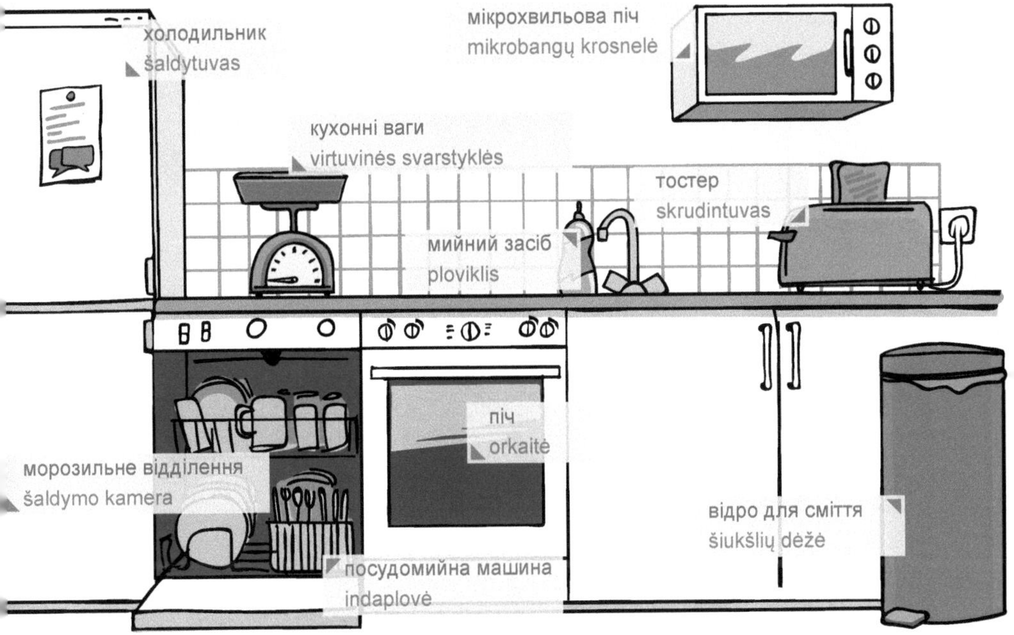
холодильник
šaldytuvas
мікрохвильова піч
mikrobangų krosnelė
кухонні ваги
virtuvinės svarstyklės
тостер
skrudintuvas
мийний засіб
ploviklis
піч
orkaitė
морозильне відділення
šaldymo kamera
відро для сміття
šiukšlių dėžė
посудомийна машина
indaplovė

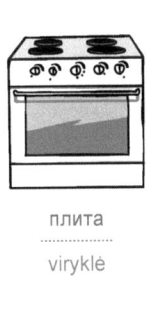

плита
viryklė

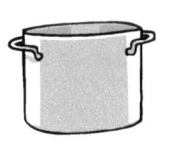

горщик
puodas

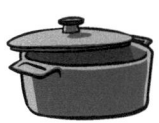

чавунний горщик
ketaus puodas

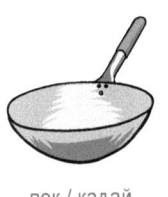

вок / кадай
„wok“ keptuvė

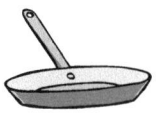

сковорода
keptuvė

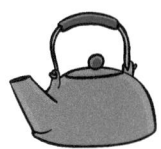

чайник
virdulys

пароварка

garų puodas

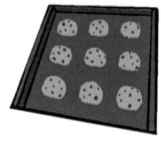

лист

kepimo skarda

посуд

porceliano indai

кухоль

puodelis

чаша

dubuo

палички для їжі

valgomosios lazdelės

черпак

samtis

лопатка

mentelė

вінчик для збивання

plaktuvas

сито

koštuvas

сито

sietas

терка

trintuvė

ступка

grūstuvė

барбекю

kepsninė

багаття

atvira liepsna

дошка

pjaustymo lentelė

качалка

kočėlas

штопор

kamščiatraukis

конзерва

skardinė

відкривачка

skardinių atidarytuvas

прихватки

puodkėlė

раковина

kriauklė

щітка

šepetys

губка

kempinė

міксер

trintuvas

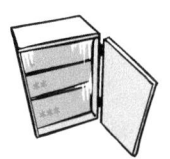

морозильна камера

šaldiklis

дитяча пляшка

kūdikių buteliukas

кран

čiaupas

ванна кімната
vonios kambarys

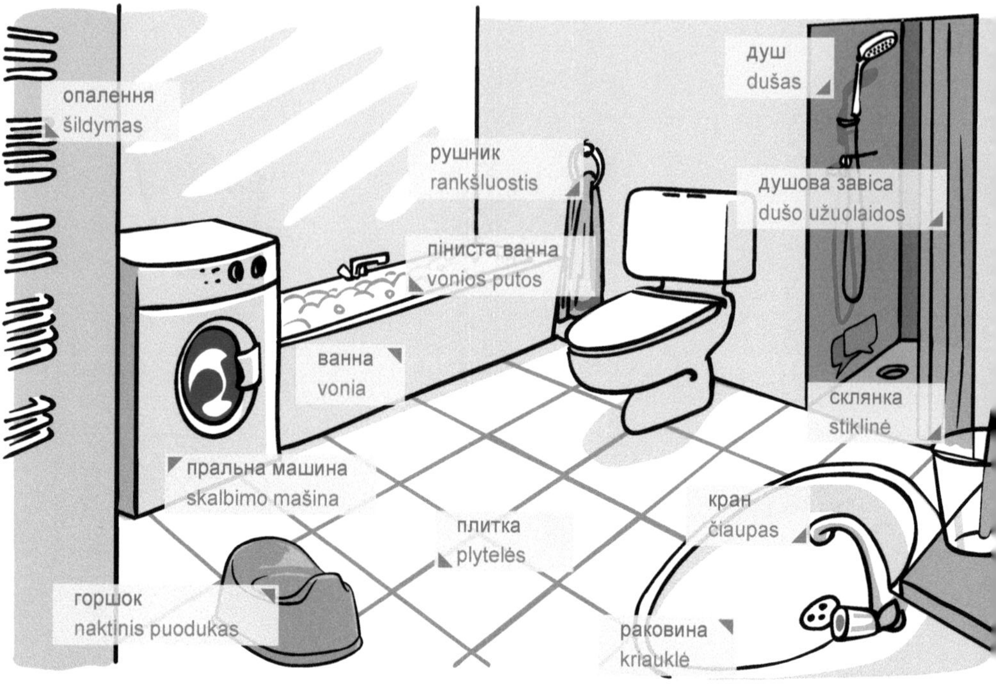
опалення
šildymas
рушник
rankšluostis
душ
dušas
душова завіса
dušo užuolaidos
пініста ванна
vonios putos
ванна
vonia
склянка
stiklinė
пральна машина
skalbimo mašina
кран
čiaupas
плитка
plytelės
горшок
naktinis puodukas
раковина
kriauklė

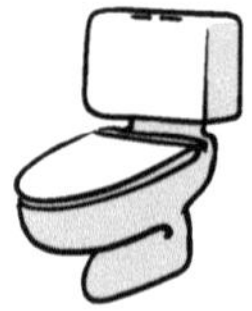

туалет
unitazas

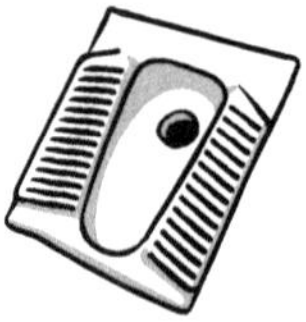

підлоговий туалет
tupimasis unitazas

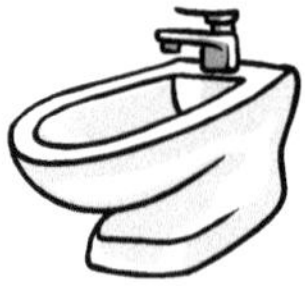

біде
bidė

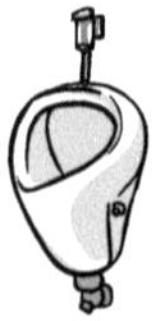

пісуар
pisuaras

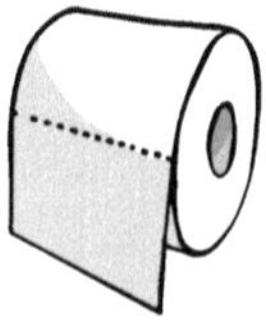

туалетний папір
tualetinis popierius

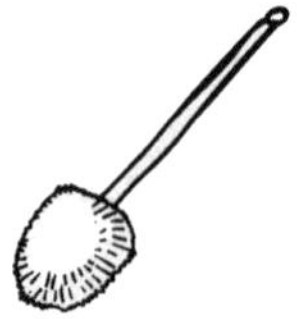

щітка для туалету
unitazo šepetys

зубна щітка

dantų šepetėlis

зубна паста

dantų pasta

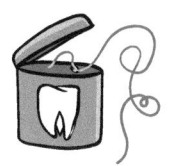

нитка для чищення зубів

dantų siūlas

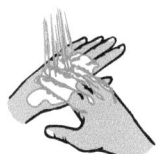

мити

plauti

ручний душ

dušo galvutė

інтимний душ

higieninis dušas

таз

praustuvas

щітка для спини

nugaros plaušinė

мило

muilas

гель для душу

dušo želė

шампунь

šampūnas

мочалка

plaušinė

водостік

kanalizacija

крем

kremas

дезодорант

dezodorantas

дзеркало

veidrodis

космецичне дзеркало

veidrodėlis

бритва

skustuvas

піна для гоління

skutimosi putos

лосьйон після гоління

losjonas po skutimosi

гребінь

šukos

щітка

šepetys

фен

plaukų džiovintuvas

лак для волосся

plaukų lakas

косметика

makiažas

губна помада

lūpdažis

лак для нігтів

nagų lakas

вата

vata

ножиці для нігтів

žirklutės nagams

парфум

kvepalai

косметичка

maišelis skalbiniams

табурет

taburetė

ваги

svarstyklės

халат

chalatas

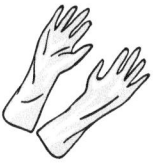

гумові рукавички

guminės pirštinės

тампон

tamponas

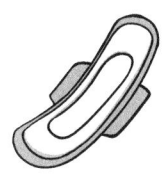

гігієнічні прокладки

higieninis įklotas

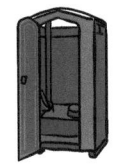

біотуалет

biotualetas

дитяча кімната
vaiko kambarys

будильник
žadintuvas
м'яка іграшка
pliušinis žaislas
іграшковий автомобіль
žaislinė mašinėlė
брязкальце
barškutis
ляльковий будиночок
lėlės namelis
подарунок
dovana

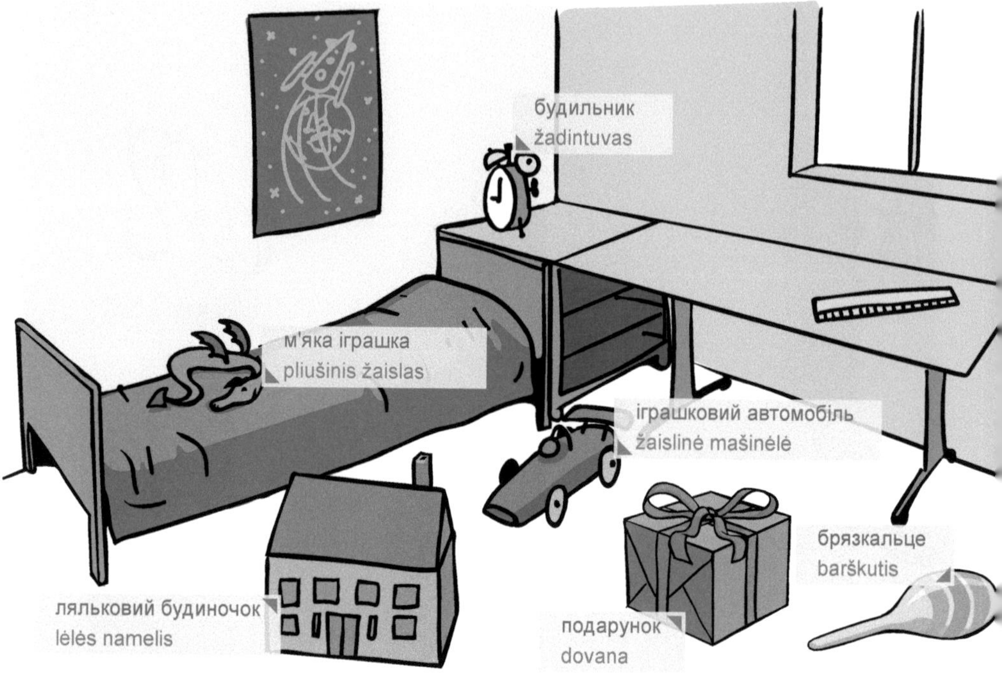

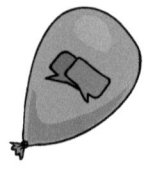

повітряна кулька

balionas

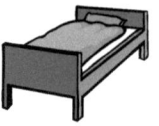

ліжко

lova

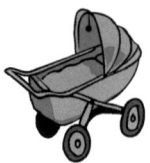

дитячий візок

vaikiškas vežimėlis

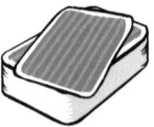

картярська гра

kortų malka

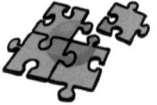

пазл

delionė

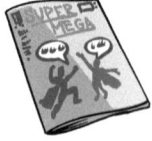

комікс

komiksai

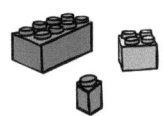

лего цеглинки

lego kaladėlės

блоки

žaislinės kaladėlės

іграшкова фігурка

figūrėlė

повзунки

šliaužtinukai

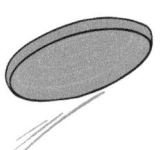

фризбі

mėtymo lėkštė

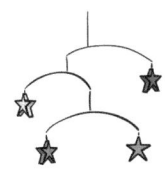

мобіле

karuselė

настільна гра

stalo žaidimas

кубик

kauliukai

модель залізнична станція

žaislinis traukinys

соска

žindukas

вечірка

vakarėlis

книжка з картинками

paveiksliukų knygelė

м'яч

kamuolys

лялька

lėlė

грати

žaisti

пісочниця

smėlio dėžė

гойдалка

sūpynės

іграшка

žaislai

гральна консоль

žaidimų konsolė

триколісний велосипед

triratukas

плюшевий мішка

meškiukas

шафа

drabužių spinta

одяг

drabužis

шкарпетки

kojinės

панчохи

kojinės virš kelių

колготки

pėdkelnės

шарф
šalikas

парасоля
skėtis

футболка
marškinėliai

ремінь
diržas

чоботи
ilgaauliai batai

домашнє взуття
šlepetės

кросівки
sportbačiai

сандалі
sandalai

взуття
batai

гумові чоботи
guminiai batai

труси
trumpikės

бюстгальтер
liemenėlė

нижня сорочка
liemenė

боді
glaustinukė

штани
kelnės

джинси
džinsai

спідниця
sijonas

блузка
palaidinė

сорочка
marškiniai

пуловер
megztinis

светр
megztinis su gobtuvu

піджак
švarkelis

куртка
švarkas

пальто
paltas

дощовик
lietpaltis

костюм
kostiumas

сукня
suknelė

весільна сукня
vestuvinė suknelė

костюм

kostiumas

нічна сорочка

naktiniai marškiniai

піжама

pižama

capi

saris

головна хустка

skarelė

чалма

tiurbanas

бурка

burka

кафтан

kaftanas

абая

abaja

купальник

maudymosi kostiumėlis

плавки

glaudės

шорти

šortai

тренувальний костюм

sportinis kostiumas

фартух

prijuostė

рукавички

pirštinės

гудзик

saga

окуляри

akiniai

браслет

apyrankė

ланцюг

vėrinys

кільце

žiedas

сережка

auskaras

шапка

kepurė

плічка

pakabas

капелюх

skrybėlė

краватка

kaklaraištis

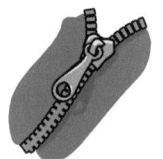

застібка-блискавка

užtrauktukas

шолом

šalmas

підтяжки

breketai

шкільна форма

mokyklinė uniforma

уніформа

uniforma

нагрудник

seilinukas

соска

žindukas

підгузок

vystyklai

офіс
biuras

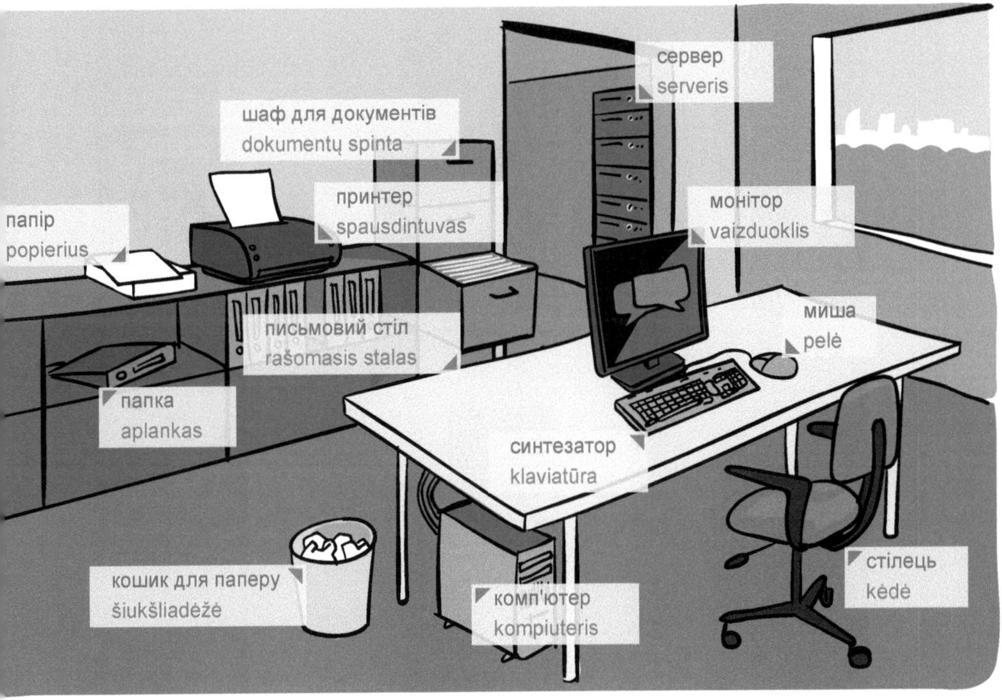

сервер
serveris

шаф для документів
dokumentų spinta

принтер
spausdintuvas

монітор
vaizduoklis

папір
popierius

письмовий стіл
rašomasis stalas

миша
pelė

папка
aplankas

синтезатор
klaviatūra

кошик для паперу
šiukšliadėžė

комп'ютер
kompiuteris

стілець
kėdė

кавовий кухоль

kavos puodelis

калькулятор

kalkuliatorius

інтернет

internetas

ноутбук

nešiojamasis kompiuteris

лист

laiškas

повідомлення

žinutė

мобільний телефон

mobilusis telefonas

мережа

tinklas

копіювальний пристрій

fotokopijavimo aparatas

програмне забезпечення

programinė įranga

телефон

telefonas

розетка

kištukinis lizdas

факс

faksas

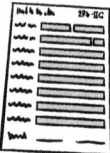

бланк

forma

документ

dokumentas

купувати

pirkti

платити

mokėti

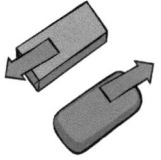

торгувати

prekiauti

гроші

pinigai

USD

долар

doleris

EUR

євро

euras

JPY

ієна

jena

RUB

рубль

rublis

CHF

франк

Šveicarijos frankas

CNY

юанів женьміньбі

juanis

INR

рупія

rupija

банкомат

bankomatas

обмінний пункт

valiutos keitykla

золото

auksas

срібло

sidabras

нафта

nafta

енергія

energija

ціна

kaina

контракт

sutartis

податок

mokestis

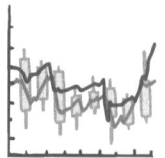

акція

akcijos

працювати

dirbti

працівник

darbuotojas

роботодавець

darbdavys

фабрика

gamykla

магазин

parduotuvė

професії

profesijos

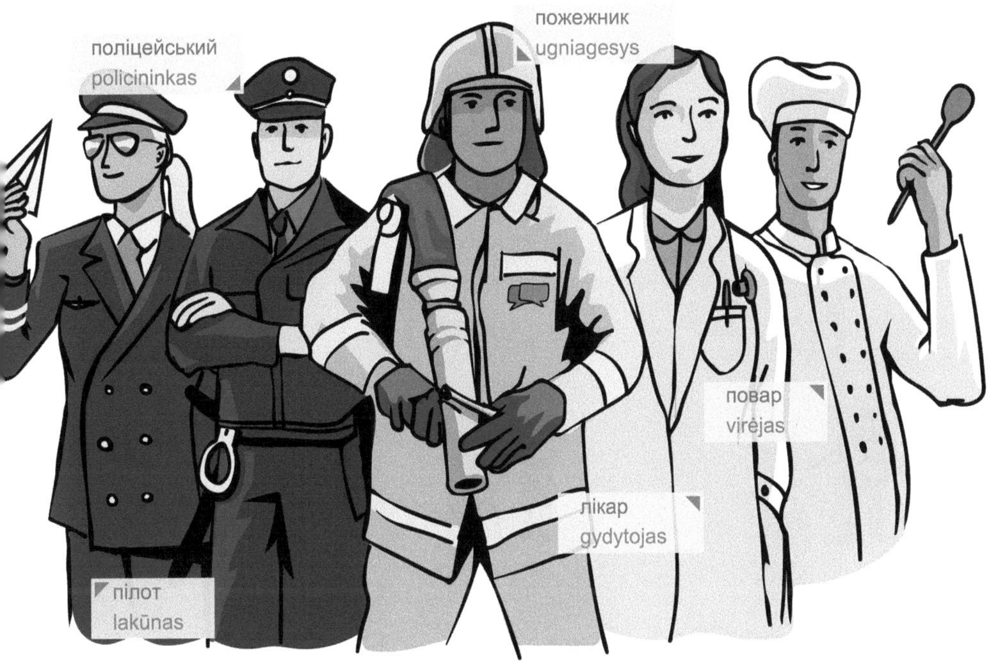
поліцейський
policininkas
пожежник
ugniagesys
повар
virėjas
лікар
gydytojas
пілот
lakūnas

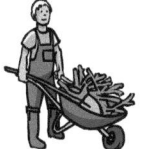

садівник

sodininkas

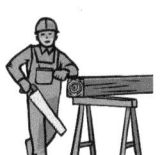

столяр

stalius

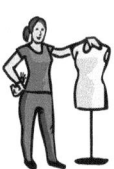

швачка

siuvėja

суддя

teisėjas

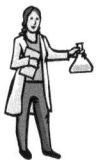

хімік

chemikas

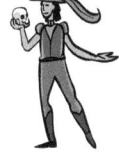

актор

aktorius

водій автобуса

autobuso vairuotojas

таксист

taksi vairuotojas

рибалка

žvejys

прибиральниця

valytoja

покрівельник

stogdengys

офіціант

padavėjas

мисливець

medžiotojas

художник

dailininkas

пекар

kepėjas

електрик

elektrikas

будівельник

statybininkas

інженер

inžinierius

забійник

mėsininkas

бляхар

santechnikas

листоноша

paštininkas

солдат

kareivis

архітектор

architektas

касир

kasininkas

флорист

gėlininkas

перукар

kirpėjas

кондуктор

konduktorius

механік

mechanikas

капітан

kapitonas

дантист

odontologas

вчений

mokslininkas

рабин

rabinas

імам

imamas

монах

vienuolis

пастор

kunigas

інструменти
įrankiai

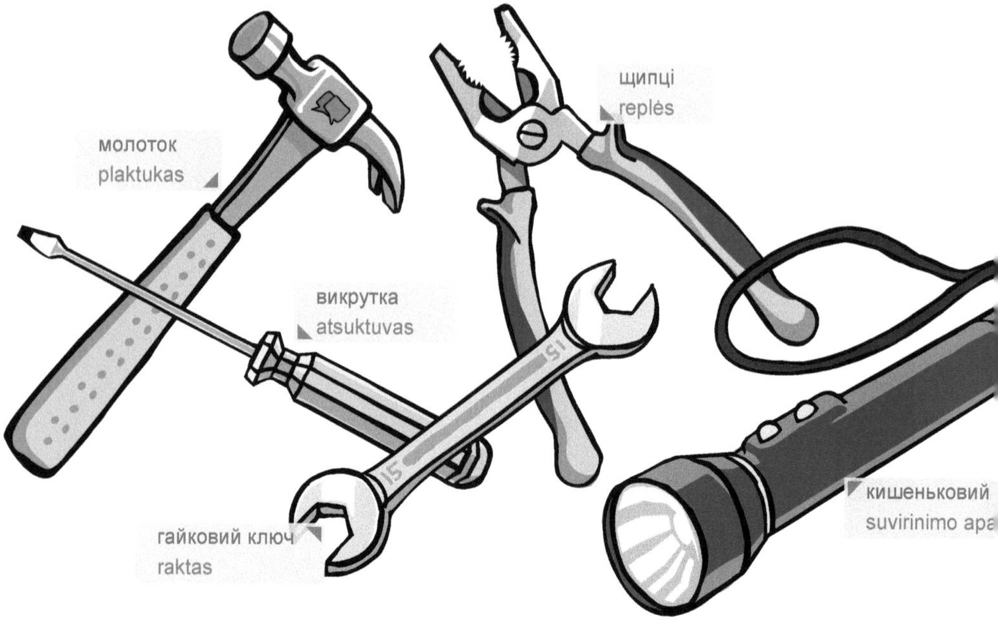

молоток
plaktukas
щипці
replės
викрутка
atsuktuvas
гайковий ключ
raktas
кишеньковий
suvirinimo apa

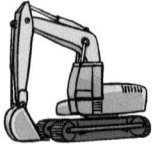

екскаватор

ekskavatorius

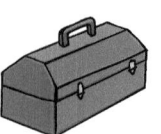

ящик для інструментів

įrankių dėžė

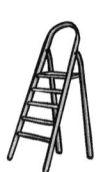

драбина

kopėčios

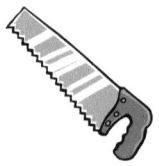

пилка

pjūklas

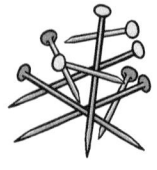

цвяхи

vinys

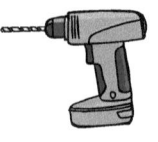

свердло

grąžtas

ремонтувати
taisyti

лопата
kastuvas

лайно!
Velniava!

совок
semtuvėlis

відро з фарбою
dažų skardinė

гвинти
varžtai

музичні інструменти
muzikos instrumentai

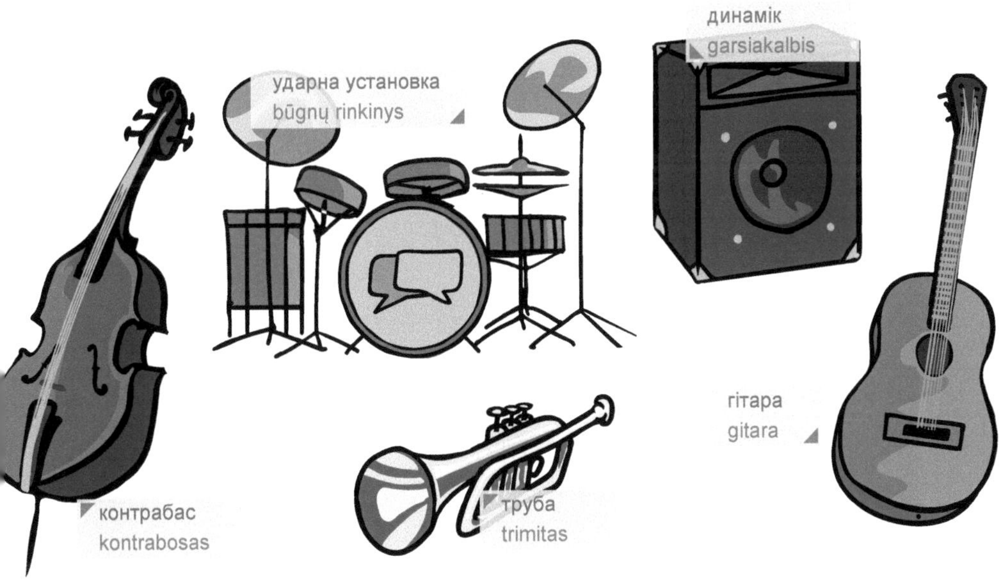

динамік
garsiakalbis

ударна установка
būgnų rinkinys

гітара
gitara

контрабас
kontrabosas

труба
trimitas

фортепіано

pianinas

скрипка

smuikas

бас

bosinė gitara

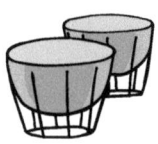

литаври

timpanas

барабан

būgnai

клавіатура

sintezatorius

саксофон

saksofonas

флейта

fleita

мікрофон

mikrofonas

зоопарк

zoologijos sodas

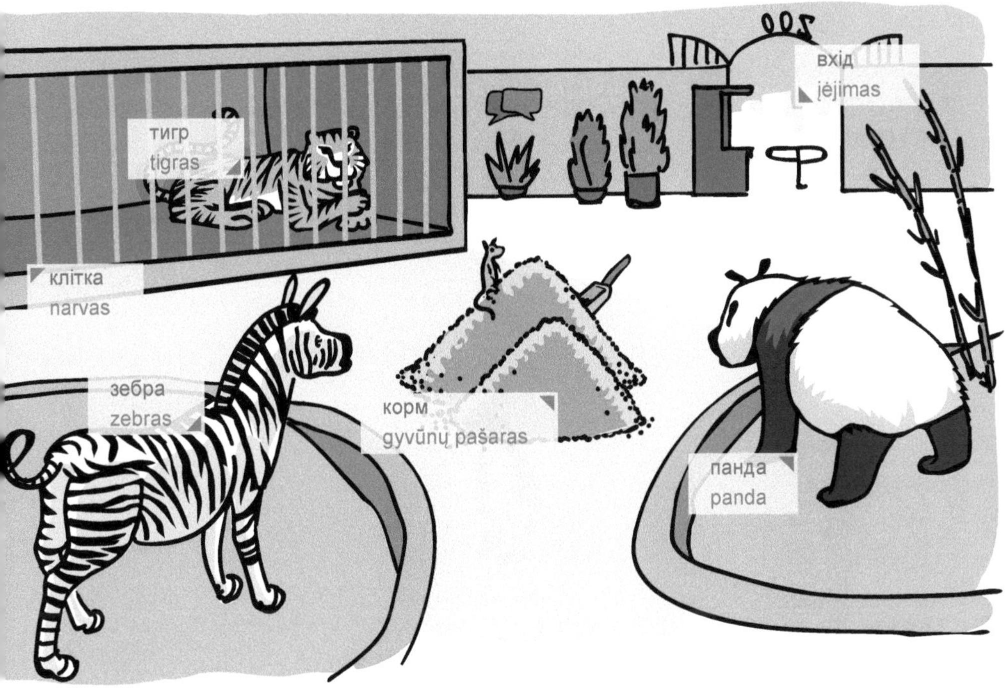
zoo
вхід
įėjimas
тигр
tigras
клітка
narvas
зебра
zebras
корм
gyvūnų pašaras
панда
panda

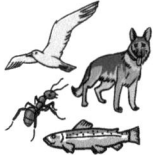

тварини

gyvūnai

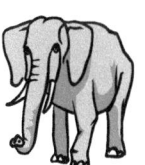

слон

dramblys

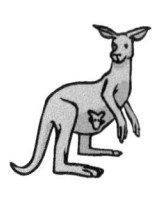

кенгуру

kengūra

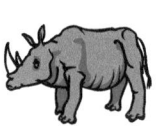

носоріг

raganosis

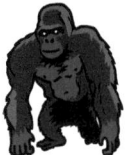

горила

gorila

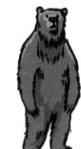

ведмідь

meška

верблюд

kupranugaris

страус

strutis

лев

liūtas

мавпа

beždžionė

фламінго

flamingas

папуга

papūga

білий ведмідь

baltoji meška

пінгвін

pingvinas

акула

ryklys

павич

povas

змія

gyvatė

крокодил

krokodilas

працівник зоопарку

zoologijos sodo prižiūrėtojas

тюлень

ruonis

ягуар

jaguaras

поні
ponis

леопард
leopardas

гіпопотам
begemotas

жираф
žirafa

орел
erelis

кабан
šernas

риба
žuvis

черепаха
vėžlys

морж
vėplys

лисиця
lapė

газель
gazelė

американський футбол
amerikietiškas futbolas

їзда на велосипеді
dviračių sportas

теніс
tenisas

баскетбол
krepšinis

плавання
plaukimas

бокс
boksas

хокей
ledo ritulys

футбол
futbolas

бадмінтон
badmintonas

легка атлетика
atletika

гандбол
rankinis

лижні перегони
slidinėjimas

поло
polas

стрибати
šokinėti

обіймати
apkabinti

сміятися
juoktis

йти
vaikščioti

співати
dainuoti

мріяти
svajoti

молитися
melstis

цілувати
bučiuoti

писати
rašyti

малювати
piešti

показувати
rodyti

тиснути
stumti

давати
duoti

брати
imti

мати

turėti

робити

daryti

бути

būti

стояти

stovėti

бігати

bėgti

тягнути

traukti

кидати

mesti

падати

kristi

лежати

meluoti

очікувати

laukti

носити

nešti

сидіти

sėdėti

одягати

rengtis

спати

miegoti

просипатися

pabusti

дивитися

žiūrėti

плакати

verkti

гладити

glostyti

розчісувати

šukuoti

розмовляти

kalbėti

розуміти

suprasti

питати

paklausti

слухати

klausytis

пити

gerti

їсти

valgyti

прибирати

tvarkytis

любити

mylėti

варити

gaminti

їхати

vairuoti

літати

skristi

дії - užsiėmimai

йти під вітрилом

buriuoti

рахувати

skaičiuoti

читати

skaityti

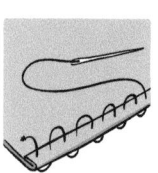

вчитися

mokytis

працювати

dirbti

одружуватися

vesti

шити

siūti

чистити зуби

valytis dantis

убивати

žudyti

курити

rūkyti

посилати

siųsti

сім'я
šeima

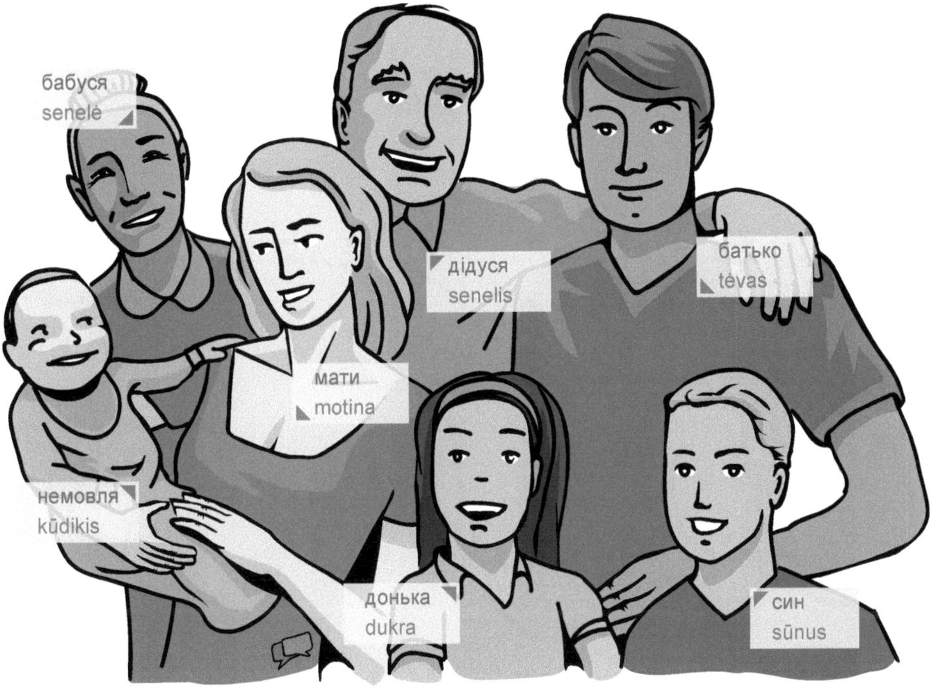
бабуся
senelė
дідуся
senelis
батько
tėvas
мати
motina
немовля
kūdikis
донька
dukra
син
sūnus

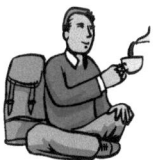

гість

svečias

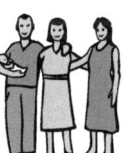

тітка

teta

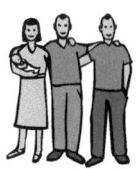

дядько

dėdė

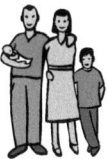

брат

brolis

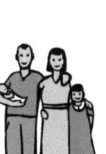

сестра

sesuo

тіло
kūnas

чоло
kakta
око
akis
плече
petys
палець
pirštas
обличчя
veidas
підборіддя
smakras
кисть
plaštaka
груди
krūtinė
нога
koja
рука
ranka

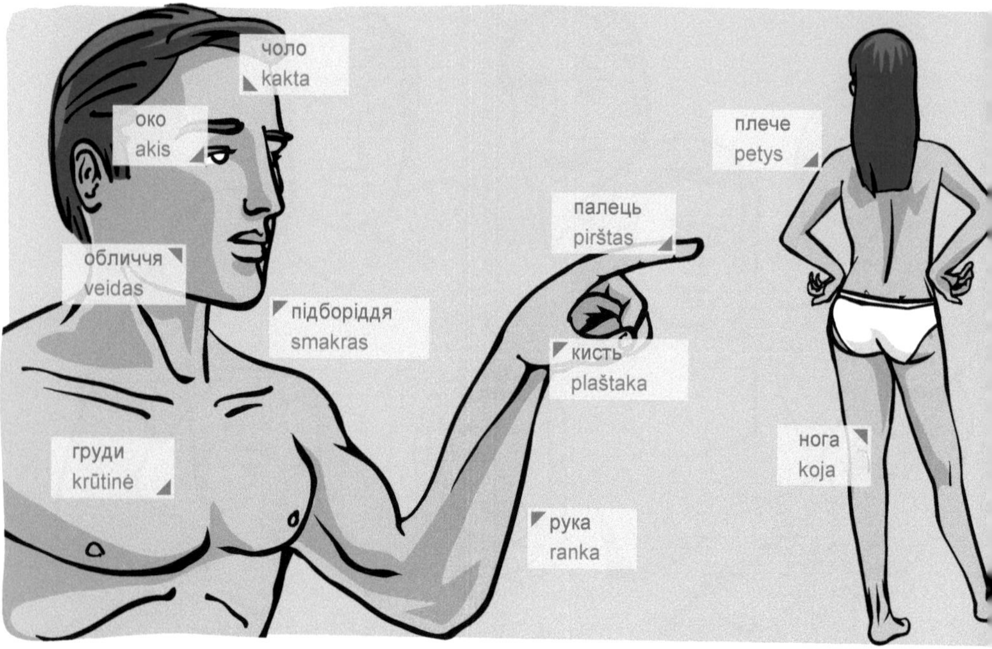

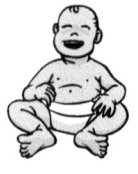

немовля

kūdikis

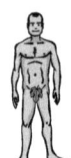

чоловік

vyras

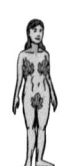

жінка

moteris

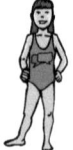

дівчина

mergaitė

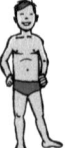

хлопчик

berniukas

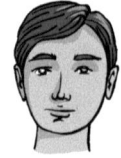

голова

galva

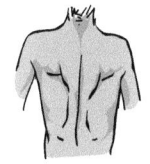

спина

nugara

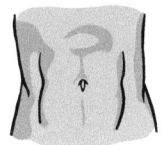

живіт

pilvas

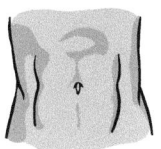

пуп

bamba

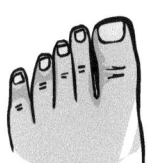

палець ноги

kojos pirštas

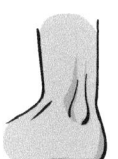

п'ята

kulnas

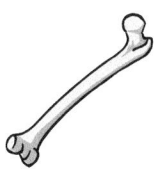

кістка

kaulas

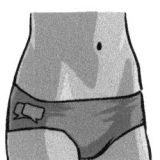

стегно

klubas

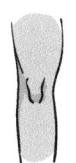

коліно

kelis

лікоть

alkūnė

ніс

nosis

сідниці

sėdmenys

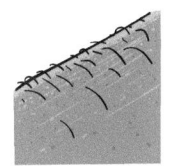

шкіра

oda

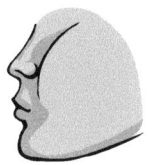

щока

skruostas

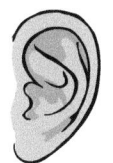

вухо

ausis

губа

lūpa

рот

burna

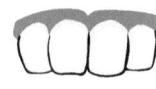

зуб

dantis

язик

liežuvis

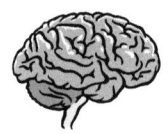

мозок

smegenys

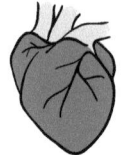

серце

širdis

м'яз

raumuo

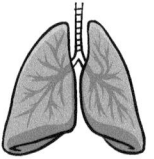

легені

plaučiai

печінка

kepenys

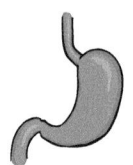

шлунок

skrandis

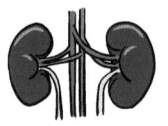

нирки

inkstai

статевий акт

seksas

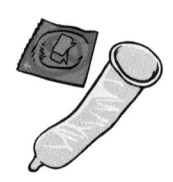

презерватив

prezervatyvas

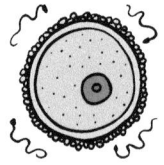

яйцеклітина

kiaušialąstė

сперма

sperma

вагітність

nėštumas

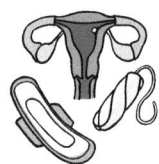

менструація

menstruacijos

вагіна

makštis

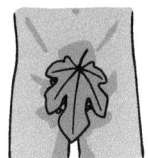

пеніс

varpa

брова

antakis

волосся

plaukai

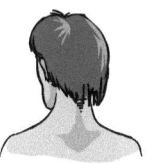

шия

kaklas

лікарня
ligoninė

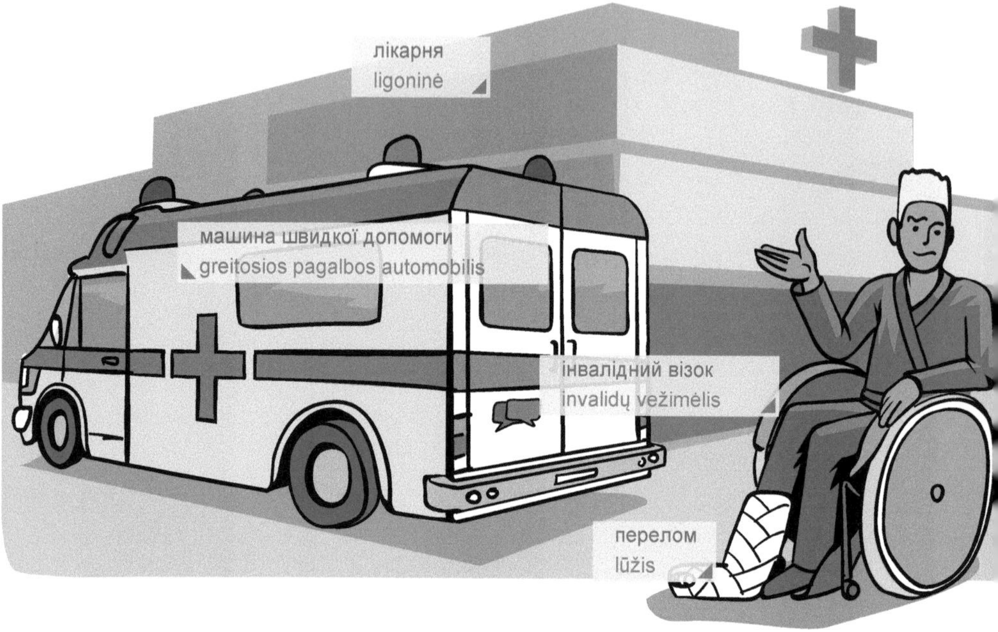

лікарня
ligoninė
машина швидкої допомоги
greitosios pagalbos automobilis
інвалідний візок
invalidų vežimėlis
перелом
lūžis

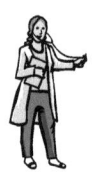

лікар
gydytojas

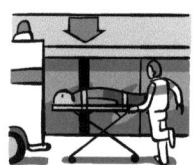

відділення швидкої медичної допомоги
skubios pagalbos skyrius

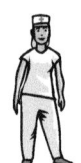

медсестра
slaugytoja

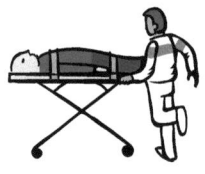

аварійний випадок
nelaimingas atsitikimas

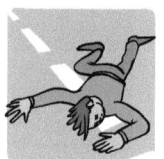

непритомний
be sąmonės

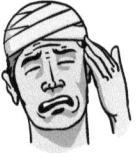

біль
skausmas

травма
сужалоjimas

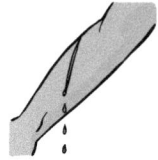

кровотеча
kraujavimas

інфаркт
širdies smūgis

інсульт
insultas

алергія
alergija

кашель
kosulys

лихоманка
karščiavimas

грип
gripas

пронос
viduriavimas

головна біль
galvos skausmas

рак
vėžys

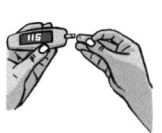

діабет
diabetas

хірург
chirurgas

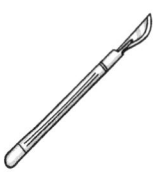

скальпель
skalpelis

операція
operacija

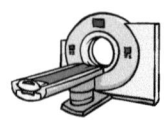

КТ
KT

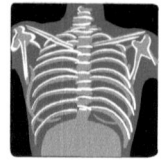

рентген
rentgenas

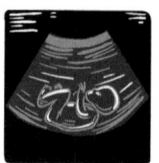

ультразвук
ultragarsas

маска
veido kaukė

хвороба
liga

зал очікування
laukiamasis

милиця
ramentas

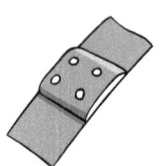

пластир
gipsas

пов'язка
tvarstis

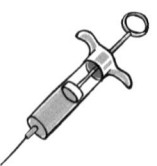

ін'єкція
injekcija

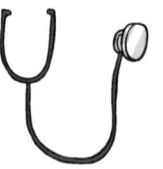

стетоскоп
stetoskopas

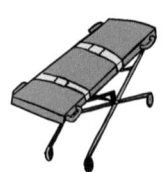

ноші
neštuvai

термометр
termometras

народження
gimimas

надмірна вага
antsvoris

слуховий апарат

klausos aparatas

дезінфікуючий засіб

dezinfekavimo priemonė

інфекція

infekcija

вірус

virusas

ВІЛ / СНІД

ŽIV / AIDS

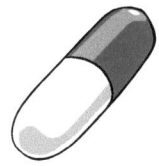

медицина

vaistas

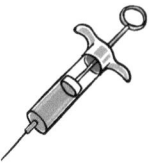

вакцинація

skiepijimas

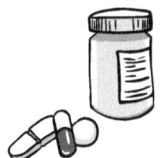

таблетки

tabletės

протизаплідна пігулка

piliulė

екстрений виклик

kubios pagalbos numeris

тонометр

kraujospūdžio matuoklis

хворий / здоровий

ligotas / sveikas

сигнал тривоги

pavojaus signalas

напад

užpuolimas

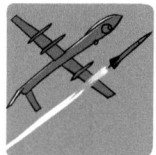

атака

ataka

небезпека

pavojus

аварійний вихід

avarinis išėjimas

Допоможіть!

Padėkite!

Вогонь!

Gaisras!

вогнегасник

gesintuvas

аварія

nelaimingas atsitikimas

аптечка

pirmosios pagalbos rinkinys

SOS

SOS

поліція

policija

Європа

Europa

Північна Америка

Šiaurės Amerika

Південна Америка

Pietų Amerika

Африка

Afrika

Азія

Azija

Австралія

Australija

Атлантика

Atlanto vandenynas

Тихий океан

Ramusis vandenynas

Індійський океан

Indijos vandenynas

Антарктичний океан

Pietų vandenynas

Північний Льодовитий
океан

Arkties vandenynas

Північний полюс

Šiaurės ašigalis

Південний полюс

Pietų ašigalis

Антарктика

Antarktida

Земля

Žemė

суша

sausuma

море

jūra

острів

sala

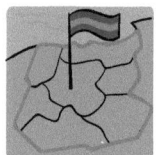

нація

tauta

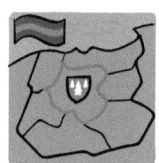

держава

valstybė

циферблат

ciferblatas

годинникова стрілка

valandinė rodyklė

хвилинна стрілка

minutinė rodyklė

секундна стрілка

sekundinė rodyklė

Котра година?

Kiek valandų?

день

diena

час

laikas

зараз

dabar

цифровий годинник

skaitmeninis laikrodis

хвилина

minutė

година

valanda

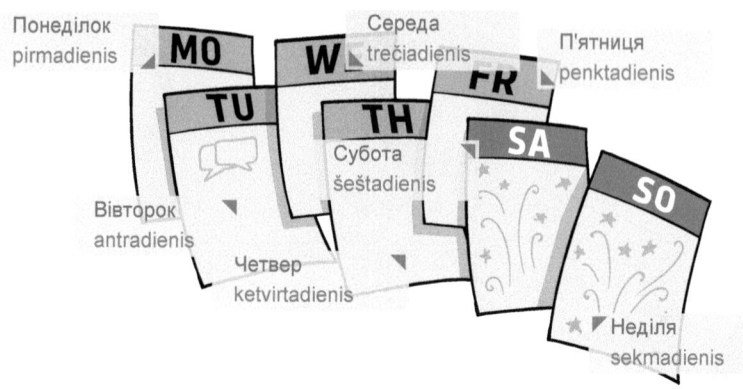

Понеділок — pirmadienis
Середа — trečiadienis
П'ятниця — penktadienis
Вівторок — antradienis
Четвер — ketvirtadienis
Субота — šeštadienis
Неділя — sekmadienis

вчора
....
vakar

сьогодні
....
šiandien

завтра
....
rytoj

ранок
....
rytas

опівдні
....
vidurdienis

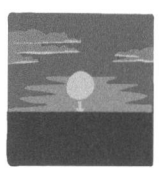

вечір
....
vakaras

робочі дні
....
darbo dienos

кінець робочого тижня
....
savaitgalis

рік

metai

дощ
lietus
веселка
vaivorykštė
сніг
sniegas
вітер
vėjas
весна
pavasaris
осінь
ruduo
літо
vasara
зима
žiema

4.APRIL 11°
5.APRIL 4°
6.APRIL 13°
7.APRIL 8°
8.APRIL 10°

прогноз погоди

orų prognozė

F C
120 40
90 30
60 20
30 10
0 0
-30 -10
-20

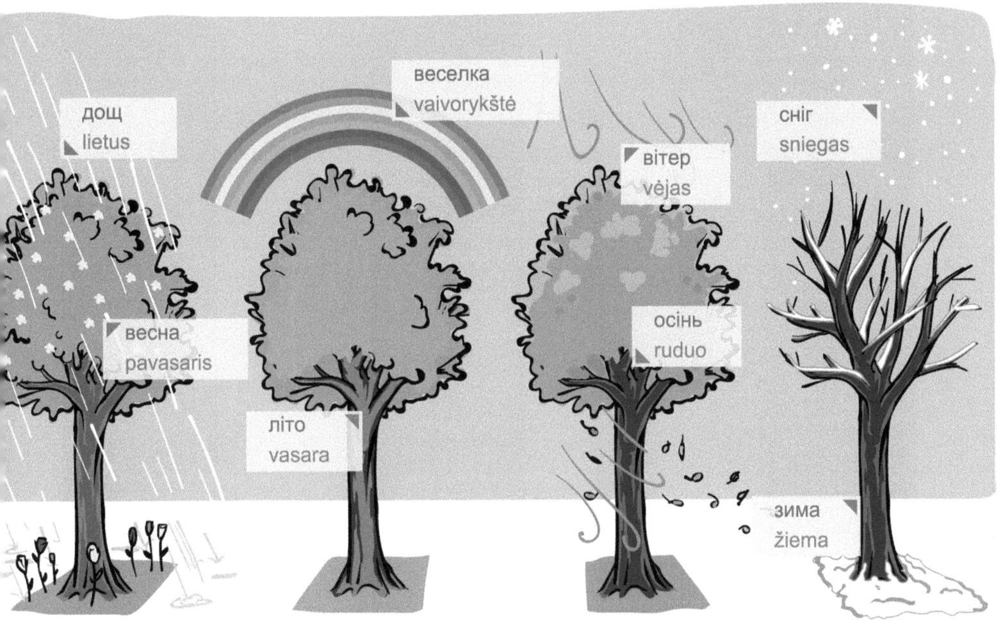

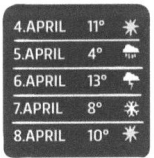

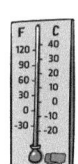

термометр

lauko termometras

сонячне світло

saulės šviesa

хмара

debesis

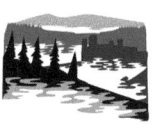

туман

rūkas

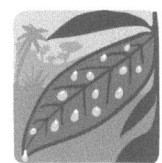

вологість повітря

drėgmė

блискавка

žaibas

грім

griaustinis

шторм

audra

град

kruša

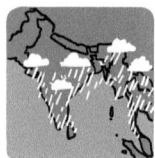

мусон

musonas

повінь

potvynis

лід

ledas

Січень

sausis

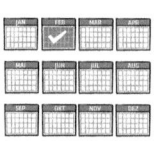

Лютий

vasaris

Березень

kovas

Квітень

balandis

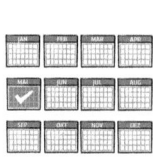

Травень

gegužė

Червень

birželis

Липень

liepa

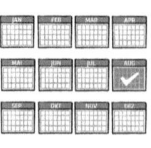

Серпень

rugpjūtis

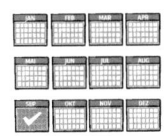

Вересень
....
rugsėjis

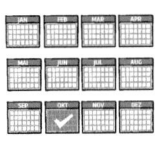

Жовтень
....
spalis

Листопад
....
lapkritis

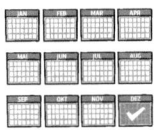

Грудень
....
gruodis

форми

formos

круг
....
apskritimas

квадрат
....
kvadratas

прямокутник
....
stačiakampis

трикутник
....
trikampis

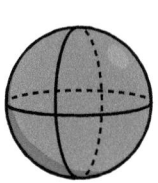

куля
....
sfera

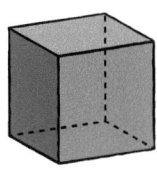

куб
....
kubas

білий

balta

жовтий

geltona

помаранчевий

oranžinė

рожевий

rožinė

червоний

raudona

фіолетовий

violetinė

синій

mėlyna

зелений

žalia

коричневий

ruda

сірий

pilka

чорний

juoda

багато / мало

daug / mažai

лютий / мирний

piktas / ramus

гарний / бридкий

gražus / bjaurus

початок / кінець

pradžia / pabaiga

великий / малий

didelis / mažas

світлий / темний

šviesus / tamsus

брат / сестра

brolis / sesuo

чистий / брудний

švarus / purvinas

завершений / незавершений

užbaigtas / neužbaigtas

день / ніч

diena / naktis

мертвий / живий

miręs / gyvas

широкий / вузький

platus / siauras

їстівний / неїстівний

valgomas / nevalgomas

злий / дружній

piktas / malonus

збуджений / нудьгуючий

linksmas / nuobodus

товстий / тонкий

storas / plonas

спочатку / востаннє

pirmiausia / paskiausia

друг / ворог

draugas / priešas

повний / порожній

pilnas / tuščias

жорсткий / м'який

kietas / minkštas

важкий / легкий

sunkus / lengvas

голод / спрага

alkis / troškulys

хворий / здоровий

ligotas / sveikas

незаконний / законний

nelegalus / legalus

розумний / дурний

protingas / kvailas

вліво / вправо

kairė / dešinė

поруч / далеко

arti / toli

ковий / використаний

naujas / naudotas

нічого / щось

niekas / kažkas

старий / молодий

senas / jaunas

вкл / викл

įjungta / išjungta

відкрито / закрито

atidaryta / uždaryta

тихо / гучно

tylus / garsus

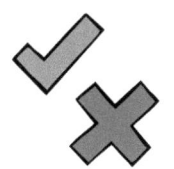

багатий / бідний

turtingas / vargšas

правильно / неправильно

teisus / neteisus

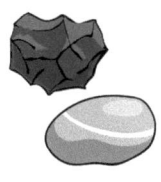

шорсткий / гладкий

šiurkštus / švelnus

сумний / щасливий

liūdnas / laimingas

короткий / довгий

trumpas / ilgas

повільно / швидко

lėtas / greitas

вологий / сухий

drėgnas / sausas

гарячий / холодний

šiltas / šaltas

війна / мир

karas / taika

0	**1**	**2**
нуль	один	два
nulis	vienas	du

3	**4**	**5**
три	чотири	п'ять
trys	keturi	penki

6	**7**	**8**
шість	сім	вісім
šeši	septyni	aštuoni

9	**10**	**11**
дев'ять	десять	одинадцять
devyni	dešimt	vienuolika

12

дванадцять

dvylika

13

тринадцять

trylika

14

чотирнадцять

keturiolika

15

п'ятнадцять

penkiolika

16

шістнадцять

šešiolika

17

сімнадцять

septyniolika

18

вісімнадцять

aštuoniolika

19

дев'ятнадцять

devyniolika

20

двадцять

dvidešimt

100

сто

šimtas

1.000

тисяча

tūkstantis

1.000.000

мільйон

milijonas

англійська

anglų

американська англійська

amerikiečių anglų

китайська
високочиновницька

kinų (mandarinų)

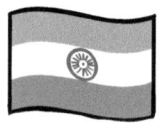

хінді

hindi

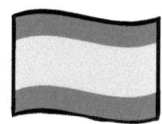

іспанська

ispanų

французька

prancūzų

арабська

arabų

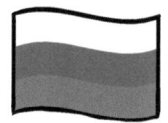

російська

rusų

португальська

portugalų

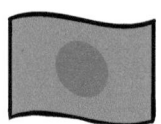

бенгальська

bengalų

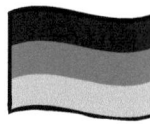

німецька

vokiečių

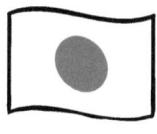

японська

japonų

я

aš

ти

tu

вiн / вона / воно

jis / ji

ми

mes

ви

jūs

вони

jie

хто?

kas?

що?

ką?

як?

kaip?

де?

kur?

коли?

kada?

ім'я

vardas

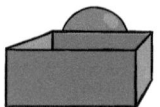

ззаду

už

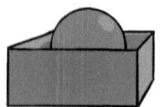

в

kur (vieta)

перед

priešais

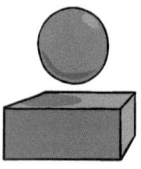

над

virš

на

ant

під

po

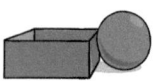

біля

prie

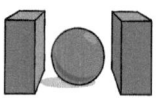

між

tarp

місце

vieta